Anselme CHODATON

Au sujet de la Préparation au mariage chrétien

Anselme CHODATON

Au sujet de la Préparation au mariage chrétien

De Jean-Paul II à François

Éditions Croix du Salut

Imprint

Any brand names and product names mentioned in this book are subject to trademark, brand or patent protection and are trademarks or registered trademarks of their respective holders. The use of brand names, product names, common names, trade names, product descriptions etc. even without a particular marking in this work is in no way to be construed to mean that such names may be regarded as unrestricted in respect of trademark and brand protection legislation and could thus be used by anyone.

Cover image: www.ingimage.com

Publisher:
Éditions Croix du Salut
is a trademark of
Dodo Books Indian Ocean Ltd. and OmniScriptum S.R.L publishing group

120 High Road, East Finchley, London, N2 9ED, United Kingdom
Str. Armeneasca 28/1, office 1, Chisinau MD-2012, Republic of Moldova, Europe
Printed at: see last page
ISBN: 978-620-6-16868-3

Au sujet de la Préparation au mariage chrétien

De Jean-Paul II à François

Anselme CHODATON

Introduction

Si le mariage chrétien est selon *Familiaris consortio* le « *pacte d'amour conjugal ou le choix conscient et libre par lequel l'homme et la femme accueillent l'intime communauté de vie et d'amour voulu par Dieu lui-même* »[1], il est *de facto* un chemin d'épanouissement réciproque pour toute la vie conjugale. Ce chemin s'exprime, chez les jeunes en fiançailles ou en marche vers le mariage, à travers une préparation adéquate. Se préparer signifie donc se parer par avance, « *s'engager à mettre en place le dispositif nécessaire pour que l'évènement désiré et attendu soit beau dans son avènement* »[2]. A cet effet, l'Eglise, notre mère, travaille tant au niveau universel que local, en synergie avec tous les responsables de la pastorale familiale au bénéfice des couples. Un bref rappel des orientations pastorales dans la préparation des couples au mariage demeure aujourd'hui une nécessité. Du vénéré pape saint Jean-Paul II au pape

---

1- Giovanni Paolo II, https://www.vatican.va/content/john-paul ii/it/apost_exhortations/documents/hf_jp-ii_exh_19811122_familiaris-consortio.html, n°11.

2- Théophile A., *La préparation au mariage*, Cotonou, Sophia, 2019.

François, nous aborderons succinctement quelques exigences et richesses de cette préparation.

La préparation des jeunes au mariage et à la vie familiale est plus nécessaire que jamais. Par un système progressif d'éducation ou d'initiation, certaines familles continuent encore, selon d'antiques usages, de transmettre aux jeunes les valeurs concernant la vie matrimoniale et familiale. A l'ère de la modernité où surviennent plusieurs changements au sein de la famille, l'Eglise et la société sont appelées à s'engager « *dans l'effort de préparation adéquate des jeunes aux responsabilités de leur avenir* »[3].

L'expérience enseigne pourtant que les jeunes s'épanouissent pour la plupart, une fois bien préparés au mariage. Il en est d'une grave exigence pour le mariage chrétien, dont « *l'influence s'étend sur la sainteté de tant d'hommes et de femmes. C'est pourquoi l'Eglise doit promouvoir des programmes*

3- Giovanni Paolo II, https://www.vatican.va/content/john-paul ii/it/apost_exhortations/documents/hf_jp-ii_exh_19811122_familiaris-consortio.html, n° 66, §1.

meilleurs et plus intensifs de préparation au mariage, pour éliminer le plus possible les difficultés dans lesquelles se débattent tant de couples, et plus encore pour conduire positivement les mariages à la réussite et à la pleine maturité »[4].

---

[4]Cf.https://www.vatican.va/roman_curia/pontifical_councils/family/documents/rc_pc_family_doc_13051996_preparation-for-marriage_fr.html. Consulté le 12 septembre 2023 à 15h45.

1.- Selon *Familiaris consortio*

Familiaris Consortio nous rappelle en son numéro 66, §§ 3-6, les trois étapes pour une préparation au mariage dans un processus graduel et continu : préparation éloignée, prochaine et immédiate.

1.1.- La préparation éloignée

La préparation éloignée « *commence dès l'enfance, selon la sage pédagogie familiale qui vise à conduire les enfants à se découvrir eux-mêmes comme doués d'une psychologie à la fois riche et complexe, et d'une personnalité particulière, avec ses propres forces et aussi ses faiblesses* »[5]. La formation du caractère, la maîtrise de soi, l'usage correct de ses propres inclinations, la juste attitude d'être en relation avec autrui, une solide formation spirituelle et catéchétique, considérant le mariage comme une véritable vocation et une mission, constituent des valeurs humaines authentiques à asseoir dès

---

5- Cf. Giovanni Paolo II, https://www.vatican.va/content/john-paul ii/it/apost_exhortations/documents/hf_jp-ii_exh_19811122_familiaris-consortio.html, Consulté le 12 septembre 2023 à 15h45.

l'enfance dans les rapports interpersonnels comme dans les rapports sociaux.

1.2.- La préparation prochaine

La préparation prochaine propose, à partir de l'âge opportun et avec une catéchèse adéquate, une préparation plus spécifique aux sacrements. La formation religieuse des fiancés est complétée, au moment voulu et selon les diverses exigences concrètes à savoir : « *approfondir les problèmes de la sexualité conjugale et de la paternité et maternité responsables, se familiariser avec de bonnes méthodes d'éducation des enfants, favoriser l'acquisition des éléments de base pour une conduite ordonnée de la famille (travail stable, disponibilité financière suffisante, sage administration, notion d'économie familiale, etc.)* »[6].

1.3.- La préparation immédiate

La préparation immédiate à la célébration du sacrement de mariage doit avoir lieu dans les derniers

[6]Cf. Giovanni Paolo II, https://www.vatican.va/content/john-paul ii/it/apost_exhortations/documents/hf_jp-ii_exh_19811122_familiaris-consortio.html, Consulté le 12 septembre 2023 à 15h45.

mois et notamment dans les dernières semaines qui précèdent les noces de manière à donner une nouvelle signification, un nouveau contenu et un nouvelle forme à ce qu'on appelle l'enquête pré-matrimoniale requise par le droit canonique. Nécessaire dans tous les cas, une telle préparation s'impose avec plus d'urgence pour les fiancés qui présenteraient encore des déficiences et des difficultés en matière de doctrine et de pratique chrétienne.

La famille chrétienne et toute la communauté ecclésiale doivent se sentir engagées dans les diverses phases de la préparation au mariage. C'est ici le lieu de remercier toutes les Conférences épiscopales de tous les pays dans l'Eglise Universelle, les curés et vicaires, les institutions, écoles, commissions, groupes, mouvements et associations de famille, pour le travail, combien gigantesque qui se fait, afin d'aider les futurs époux à être plus conscients du sérieux de leur choix. Car, il faut le dire, des éléments indispensables du contenu, de la durée et de la méthode des «cours de préparation», avec les divers aspects - doctrinaux, pédagogiques, légaux et médicaux qui concernent le mariage, font déjà bénéficier aux jeunes et aux conjoints en marche vers le mariage, un approfondissement humain, spirituel et intellectuel, spirituel pour le bonheur de toute la communauté ecclésiale.

2.- Selon le Conseil Pontifical pour la Famille depuis 1997

Seize ans après son exhortation sur l'importance de la préparation au mariage, le pape Jean-Paul II va encore plus loin dans la réflexion avec le Conseil Pontifical pour la Famille en ces termes : « *la préparation au mariage, à la vie conjugale et familiale est d'une grande importance pour le bien de l'Église* »[7]. Le sacrement du mariage a une forte valeur pour toute la communauté chrétienne et, en premier lieu, pour les époux, eux dont la décision est telle qu'elle ne pourrait être sujette à improvisation ou à choix hâtifs. La préparation au mariage constitue un moment « *providentiel et privilégié* » pour ceux qui s'y engagent. Il est aussi un "Kayrós", c'est-à-dire « *un temps où Dieu interpelle les fiancés et suscite en eux le discernement pour la vocation au mariage et à la vie qu'il introduit* ». Quelle est l'importance de la préparation au mariage ? Comment le Conseil

---

[7] *Cf.https://www.vatican.va/roman_curia/pontifical_councils/family/documents/rc_pc_family_doc_13051996_preparation-for-marriage_fr.html Conseil Pontifical pour la Famille, n°1.*

Pontifical pour la Famille revient-il sur les trois étapes de la préparation au mariage ?

2.1.- L'importance de la préparation

L'importance de la préparation implique un processus d'évangélisation pour le mûrissement et l'approfondissement de la foi. Le sacrement est célébré et vécu au cœur de la Nouvelle Alliance, c'est-à-dire dans le mystère pascal. Le Christ-Époux en est la source. Les couples et les familles chrétiennes ne sont donc pas isolés ni abandonnés. Pour être portée à sa maturation, cette vocation demande une préparation adéquate et spéciale. Elle est un chemin spécifique de foi et d'amour, d'autant plus qu'elle est donnée au couple pour le bien de l'Église et de la société. Ce que nous appelons ici préparation repose sur un processus vaste et exigeant d'éducation à la vie conjugale : éduquer au respect et à la préservation de la vie car, le Sanctuaire des familles doit devenir une véritable culture spécifique de la vie humaine dans toutes ses manifestations et à tous ses âges, pour tous ceux qui font partie du peuple de la vie et pour la vie (cf. *Evangelium Vitae* n° 6, 78 et 105). Ainsi donc, il est fortement recommandé aux agents pastoraux de sensibiliser les fiancés et les couples sur la nécessité de se préparer au mariage. La pastorale familiale doit donc orienter tous ses efforts pour optimiser cette préparation, en ayant également recours à des moyens pédagogiques et psychologiques sainement orientés à travers trois étapes incontournables.

2.2.- Les étapes de la préparation au mariage

Les trois étapes constituent une école de vie et d'amour pour les couples. La préparation éloignée embrasse la petite, la moyenne enfance et l'adolescence. Elle a lieu surtout au sein de la famille, à l'école et dans les groupes de formation. (Cf. FC 66). Dans sa Lettre aux Familles *Gratissimam Sane*, le saint pape Jean-Paul II rappelle deux vérités fondamentales dans la tâche de l'éducation : « *vivre dans la vérité et l'amour et se réaliser par le don désintéressé de soi-même* »[8]. Dans cette période, une

[8]- Jean-Paul II, *Gratissimam Sane, n. 16.*

éducation courageuse et loyale à la chasteté et à l'amour comme don de soi est absolument nécessaire. La chasteté n'est pas la mortification de l'amour, mais bien la condition d'un amour authentique. Et l'amour conjugal rend présent parmi les hommes l'amour divin lui-même rendu visible dans la rédemption. Le style de vie chrétienne, dont témoignent les foyers chrétiens, est déjà une évangélisation et le fondement même de la préparation éloignée. Dans l'Eglise domestique, les parents chrétiens sont les premiers témoins et formateurs de leurs enfants.

La préparation prochaine se déroule durant la période des fiançailles ou avant le mariage sacramentel pour les couples déjà constitués en famille. La préparation prochaine coïncide généralement avec celle de la jeunesse et présuppose donc tout ce qui est propre à la pastorale des jeunes proprement dite, en rapport avec la croissance intégrale des fidèles. On ne peut séparer la pastorale des jeunes du milieu familial, comme si les jeunes formaient une sorte de « classe sociale » indépendante.

La préparation prochaine veille à ce que les fiancés possèdent les éléments de base au point de vue psychologique, pédagogique, légal et médical en lien avec le mariage et la famille. Toutefois, la formation théologique et morale devra être approfondie de façon toute spéciale. En effet, l'amour conjugal est un amour total, exclusif, fidèle et fécond (cf. *Humanae Vitae*, n° 9). Cette période est aussi un chemin de formation, au cours duquel les fiancés, avec le secours divin et en fuyant toutes les formes de péché, se préparent à se donner eux-mêmes en tant que couple au Christ qui soutient, purifie et ennoblit les fiançailles et la vie conjugale.

2.3.- Les objectifs de la préparation

Ces objectifs invitent :

- à rappeler brièvement le parcours intellectuel de l'itinéraire précédent ;
- à faire vivre des expériences de la vie de prière afin de provoquer la rencontre du Seigneur en profondeur et la beauté de la vie surnaturelle ;

- à réaliser une préparation liturgique adaptée avec une attention particulière au sacrement de la réconciliation ;
- à valoriser les entretiens prévus canoniquement avec le curé.

In fine, la préparation au mariage constitue une occasion propice pour commencer une pastorale matrimoniale et familiale continue. À ce point de vue, il faut faire en sorte que les époux connaissent leur mission dans l'Église. Ils pourront être aidés en cela par les divers mouvements familiaux afin de cultiver la spiritualité conjugale et familiale. Ainsi, ils apprennent à assumer leurs devoirs au sein de la famille, de l'Église et de la société. La préparation des fiancés doit être accompagnée d'une dévotion profonde et sincère à la sainte famille ; à Marie, Mère de l'Église et Reine de la Famille ; à saint Joseph, patron de la famille et à l'Enfant Jésus. Célébrer le mariage dans le Seigneur et devant l'Église signifie professer que le don de la grâce, fait aux époux par la présence et l'amour trinitaire, exige une réponse active. Cette vie active s'opère par une vie de foi en esprit et vérité, dans la famille chrétienne. Cette préparation, tant implicite qu'explicite, constitue un aspect de l'évangélisation car « *la famille est le cœur de la Nouvelle Evangélisation* »[9].

[9]Cf.https://www.vatican.va/roman_curia/pontifical_councils/family/documents/rc_pc_family_doc_13051996_preparation-for-marriage_fr.html, n°20 consulté le 13 novembre 2023 à 14h15.

3.- La préparation au mariage selon Benoît XVI

A la suite de son prédécesseur, le pape Benoît XVI trace toute une réflexion ouverte et très paternelle sur l'importance de la préparation des fiancés ou couples au mariage. Durant son pontificat, il en a parlé en termes clairs et précis invitant toute l'Eglise à une marche d'ensemble dans l'accompagnement des couples. De façon particulière, les années 2010 à 2012 ont fortement été marquées par son insistance sur l'urgence d'une sollicitude ecclésiale au bénéfice de la préparation au mariage. Deux orientations peuvent être rappelées ici : l'élaboration d'un *vademecum* pour une bonne catéchèse des couples et la préparation au mariage comme école de l'amour du Christ, plénitude de l'amour humain.

3.1.- Elaboration d'un *vademecum* pour la préparation au mariage

Le 8 février 2010, sa Sainteté le pape émérite Benoît XVI invitait le Conseil pontifical pour la Famille à l'élaboration d'un *vademecum* pour la préparation au mariage. Il donne ainsi un appui continuel au document mis en œuvre en 1997 par le dit conseil. Il va plus loin en lui suggérant de définir de façon adaptée la physionomie des trois étapes de l'itinéraire pour la formation et la réponse à la vocation conjugale : la préparation éloignée, prochaine et immédiate. Une préparation appropriée au mariage chrétien ne s'improvise pas. Les programmes de préparation au mariage doivent être attentivement revus afin de garantir une plus grande concentration sur leur composante catéchétique et la présentation des responsabilités sociales et ecclésiales contenues dans le mariage chrétien. Nous admettons avec le pape qu'il convient d'encourager le travail précieux des agents pastoraux dans l'Eglise universelle et locale. Dans ce sens, il les inviter fortement encore à :

- développer des règles pastorales et liturgiques claires en vue de la célébration du mariage
- proposer une catéchèse adaptée aux exigences objectives de la morale chrétienne
- faire preuve de sensibilité et de sollicitude pour les jeunes couples.

La catéchèse travaillera de plus en plus dans la communication profonde du riche héritage de l'enseignement catholique sur le mariage. Elle rappellera que le mariage est le prolongement et l'achèvement du "oui" dit au baptême dans la différenciation sexuelle et la communion des personnes, de vie et d'amour. La catéchèse fera également découvrir, durant la préparation au mariage, la vocation des époux chrétiens dans la société et dans l'Eglise. De cette façon, la préparation au mariage demeure une école de « *l'amour du Christ comme plénitude de l'amour humain* »[10].

3.2.- Préparation au mariage comme une école

Lors de sa rencontre avec les jeunes le 11 septembre 2011 à Ancône, le pape Benoît XVI rappelait que « *chaque amour humain est signe de l'Amour éternel qui nous a créés, et dont la grâce sanctifie le choix d'un homme et d'une femme de se*

---

[10]*Cf..https://www.vatican.va/content/benedictxvi/fr/speeches/2011/september/documents/hf_ben-xvi_spe_20110911_fidanzati-ancona.html,* consulté le 13 novembre 2023 à 14h50.

confier réciproquement leur vie dans le mariage »[11]. Les fiancés et les conjoints en marche vers le mariage sont aimés et protégés par l'amour de Dieu. Il exhorte les couples au respect de la personne, de la famille, des relations humaines, de la justice et les encourage à maintenir « *la joie de la table du bon vin* » qu'est le Christ : « *Jésus est le vin de la fête* »[12]. La préparation au mariage est un chemin de maturation qui doit être vécu de façon intense, graduelle et authentique. Elle implique aussi le sens du témoignage, un témoignage que le pape résume en ces termes : « *vous êtes le levain d'une présence active et responsable dans la communauté. (...). A partir de l'attraction initiale et de la sensation de se «sentir bien» avec l'autre, éduquez-vous à «aimer» l'autre, à «vouloir le bien» de l'autre. L'amour vit de gratuité, de sacrifice de soi, de pardon et de respect de l'autre* ». *Il convient donc que les fiancés et les couples en marche vers le mariage apprennent à* « *choisir avec conviction le «pour toujours»*

---

[11] *Cf..https://www.vatican.va/content/benedictxvi/fr/speeches/2011/september/documents/hf_ben-xvi_spe_20110911_fidanzati-ancona.html*, consulté le 13 novembre 2023 à 14h50.
[12] *Cf..https://www.vatican.va/content/benedictxvi/fr/speeches/2011/september/documents/hf_ben-xvi_spe_20110911_fidanzati-ancona.html*, consulté le 13 novembre 2023 à 15h00.

qui caractérise l'amour : l'indissolubilité, plus qu'une condition, est un don qui doit être désiré, demandé et vécu, au-delà de l'incertitude de toute situation humaine »[13]. L'amour a besoin de respecter les temps et les différentes étapes de ses expressions. Il a besoin de laisser un espace au Christ, qui est capable de rendre un amour humain fidèle, heureux et indissoluble. La fidélité et la continuité de l'amour rendent aussi les fiancés capables d'être ouverts à la vie, d'être parents. D'ailleurs, la liberté, la fidélité, l'indissolubilité et la transmission de la vie sont les piliers de toute famille, le véritable bien commun, un patrimoine précieux pour toute la société. Autrement, « *brûler les étapes finit par «brûler» l'amour* »[14].

A la suite du pape Benoît XVI dont la réflexion sur l'importance de la préparation au mariage est toujours d'actualité, nous sommes plus que jamais interpelés sur la formation et l'adaptation des

[13] *Idem.*
[14] *Cf..https://www.vatican.va/content/benedictxvi/fr/speeches/2011/september/documents/hf_ben-xvi_spe_20110911_fidanzati-ancona.html*, consulté le 13 novembre 2023 à 15h05.

exigences de la pastorale des familles. La préparation au mariage mérite le suivi adéquat qui lui convient. Nous encourageons l'effort positif et très large de cette sollicitude paternelle des agents pastoraux. Aussi voudrions-nous saisir l'occasion d'inviter les fiancés et couples en marche vers le mariage à se laisser former sur leurs différentes paroisses ou structures mises sur pied par les commissions ou institutions qui en ont la responsabilité. La préparation au mariage est un itinéraire de foi où les conjoints se redécouvrent et redécouvrent la place centrale de Jésus-Christ et de l'Eglise dans leur vie.

4.- La préparation au mariage selon le pape François

Après la lecture profonde des exhortations de Jean-Paul II et de Benoît XVI sur l'importance de la préparation au mariage, l'occasion s'offre, encore à tous les fiancés, pour déguster en lecture continue celles du pape François. Elles entrent intrinsèquement dans la même ligne et de façon plus avancée dans la mise en pratique du *vademecum* enrichi sur la préparation au mariage. Le pape François anticipe ce projet par son discours qu'il a adressé le vendredi 14 février 2014 aux fiancés pour la préparation au mariage en deux points essentiels : se débarrasser de la peur du « pour toujours » et avoir le style de vie du couple.

4.1.- Se débarrasser de la peur du « pour toujours »

Est-il encore possible de s'aimer « pour toujours » ? Aujourd'hui, beaucoup de personnes ont peur de faire des choix définitifs. Le pape fait le constat d'une peur généralisée, propre à notre culture, à notre époque. Faire des choix pour toute la vie semble impossible de plus en plus pour les jeunes. Aujourd'hui, tout change rapidement, rien ne dure longtemps. Oui, il est possible de s'aimer pour toujours. La question fondamentale est le sens qu'on donne à l'amour. L'amour n'est pas seulement un état psycho-physique mais fortement « *une relation qui grandit, et par analogie, se construit ensemble comme une maison* »[15]. Se préparer au mariage c'est « *grandir ensemble, construire cette maison et vivre ensemble pour toujours* »[16]. Il ne s'agit pas de fonder le mariage sur du sable des sentiments qui vont et viennent mais sur le roc du véritable Amour. La famille naît de ce projet d'amour qui veut grandir comme on construit une maison pour qu'elle soit un lieu d'affection, d'espérance et de soutien. De même que l'amour de Dieu est stable et pour toujours, ainsi nous voulons que l'amour qui fonde la famille soit stable et pour toujours. Il convient d'éviter « *la culture du provisoire* » et se soigner jour après jour de la peur du « *pour*

[15]Cf.https://www.vatican.va/content/francesco/fr/speeches/2014/february/documents/papa-francesco_20140214_incontro-fidanzati.html,.
[16]*Idem.*

toujours ». Le défi des époux chrétiens est d'être ensemble et de savoir s'aimer pour toujours. Le Seigneur peut multiplier l'amour et le rendre frais et bon chaque jour. Il en a une réserve infinie ! Dans la prière du Notre Père les époux peuvent apprendre à prier ainsi : « *Seigneur, donne-nous aujourd'hui notre amour de ce jour* »[17]. Pour y parvenir, le style de vie du couple est primordial.

4.2.- Le « style de vie » du couple à travers une spiritualité du quotidien

Vivre ensemble est un art, un cheminement patient, beau et fascinant. Ce cheminement a des règles qui peuvent être résumées en ces trois mots : "*s'il te plaît, merci et pardon*". Demander la permission signifie, savoir entrer avec courtoisie dans la vie des autres. L'amour vrai ne s'impose pas par la dureté et l'agressivité. Dans les Fioretti de saint François, on trouve cette expression : « *sache que la courtoisie est une des propriétés de Dieu. Elle est la sœur de la*

[17] Cf. https://www.vatican.va/content/francesco/fr/speeches/2014/february/documents/papa-francesco_20140214_incontro-fidanzati.htm consulté le 13 novembre 2023 à 17h02.

charité, qui éteint la haine et conserve l'amour »[18]. Outre la courtoisie, il faut savoir que la gratitude est « une fleur qui pousse sur une terre noble ». La noblesse d'âme est donc nécessaire pour que pousse cette fleur. Dans l'Evangile selon saint Luc, Jésus guérit dix malades de la lèpre, et ce n'est qu'un seul qui revient lui dire merci. Et le Seigneur dit : « *et les neuf autres, où sont-ils ?* » (Lc 17,11-19). Dans la relation entre fiancés aujourd'hui et demain entre époux dans la vie conjugale, garder une conscience vive que l'autre personne est un don de Dieu demeure une attitude constante à cultiver. Apprendre à dire merci à Dieu et se dire merci, réciproquement, pour tout, donne une suavité à la vie à deux. Les fiancés sont appelés aussi à reconnaître leurs erreurs et à se demander pardon. Jésus nous le rappelle : ne jamais terminer la journée sans se demander sans faire la paix. C'est le secret d'un mariage durable.

---

[18] *Cf.https://www.vatican.va/content/francesco/fr/speeches/2014/february/documents/papa-francesco_20140214_incontro-fidanzati.html,*consulté le 13 novembre 2023 à 17h23.

Au terme, nous retenons avec le pape François que le mariage est une fête, une fête chrétienne, pas une fête mondaine. La raison la plus profonde de la joie du jour de mariage est donnée dans l'Evangile selon saint Jean. Ce qui s'est passé à Cana il y a plus de deux mille ans se reproduit à chaque mariage : la présence du Seigneur qui offre le «bon vin », il est le secret de la pleine joie. Comme le vin de Cana, les époux sont appelés à être et révéler à la communauté, la présence du Seigneur source et motif de leur joie. Le mariage est « *une œuvre de tous les jours, un travail artisanal, un travail de joaillerie, parce que le mari a la tâche de rendre son épouse plus femme, et la femme a celle de rendre son mari plus homme* »[19].

[19]*Cf.https://www.vatican.va/content/francesco/fr/speeches/2014/february/documents/papa-francesco_20140214_incontro-fidanzati.html*,consulté le 13 novembre 2023 à 17h58.

5- *Amoris Laetitia*, un guide dans la préparation

Préparer les fiancés au mariage selon le pape François revient à faire découvrir aux jeunes « *la valeur et la richesse du mariage* » (n°205). Le mariage est une union plénière qui élève et perfectionne la dimension sociale de l'existence. Avec les différentes crises sociales auxquelles la famille est confrontée, il convient que toute la communauté chrétienne s'engage davantage dans la préparation au mariage des futurs époux. C'est la conviction du Vicaire du Christ et des évêques, conviction qu'ils développent de façon plus large encore dans le 6ème chapitre de l'exhortation apostolique post synodale *Amoris Laetitia* du 19 mars 2016 en trois points principaux : l'importance de l'itinéraire pour la préparation au mariage, son adaptation et le réalisme de la communication entre fiancés.

5.1.- L'importance de l'itinéraire pour la préparation au mariage

La préparation passe par l'itinéraire de l'initiation chrétienne. Au cours de cet itinéraire, les fiancés sont appelés à comprendre comment le mariage prolonge et achève le oui de fidélité dit au baptême. A cette même occasion, les fiancés font la merveilleuse expérience du rapport qui existe entre le mariage et les autres sacrements. Il est alors indispensable que les programmes spécifiques pour la préparation du mariage encouragent les couples à participer à la vie ecclésiale. Car, « *ceux qui se marient sont pour leur communauté chrétienne, une précieuse ressource, puisqu'ils peuvent contribuer à rénover le tissu même de tout le corps ecclésial. La forme particulière d'amitié qu'ils vivent peut devenir contagieuse et faire grandir dans l'amitié et dans la fraternité la communauté chrétienne dont ils font partie* »[20]. Cet effort de synergie va encore plus loin à travers

---

20- François, *Amoris Laetitia, n°207.*

l'adaptation de la préparation au mariage par les églises locales.

5.2.- Une adaptation de la préparation par les églises locales

Le pape rappelle, dans *Amoris Laetitia*, à chaque Église locale, qu'il existe plusieurs manières d'organiser la préparation immédiate au mariage[21]. Il s'agit de parfaire ces particularités dans un discernement profond en offrant une formation adéquate qui en même temps n'éloigne pas les jeunes du sacrement. Il faut donner priorité, autant à une annonce renouvelée du kérygme qu'à l'engagement responsable dans un parcours qui dure toute la vie. Au sujet de la préparation lointaine, il revient à chaque Eglise locale de puiser les armes dans ses diverses ressources pastorales. Ainsi, l'amour réciproque des fiancés mûrira grâce à un accompagnement de proximité et de témoignage. C'est le lieu de féliciter les agents pastoraux et les institutions qui organisent des évènements pour

---

[21]- François, *Amoris Laetitia, n°207.*

maintenir et relancer les jeunes dans les choix positifs, nobles et responsables. Nombreuses sont les activités pastorales dont la semaine ou le weekend de "la saint valentin" qui rassemblent les fiancés et même les couples pour un ressourcement intellectuel, spirituel et moral dans l'agir conjugal. Cette vie conjugale future demande des prédispositions qui entrent aussi dans la dynamique de la préparation au mariage surtout en matière de tares, d'incompatibilités ou de risques.

5.3.- Le réalisme dans les conversations entre fiancés

Les conversations entre fiancés sont des creusets d'échanges où s'expriment dans l'humilité, la prise de conscience et le réalisme de l'engagement. Il faut « *une confiance réaliste dans la possibilité d'aider son conjoint ou sa conjointe à développer le meilleur de sa personne pour contrebalancer le poids de ses fragilités, avec le ferme objectif de le promouvoir comme être humain* »[22]. Pour y parvenir, il faut avec une

[22]- François, *Amoris Laetitia*, n°210.

volonté solide, la possibilité d'affronter certains renoncements, des moments difficiles et des situations conflictuelles. La pastorale matrimoniale est avant tout une pastorale du lien. C'est un lien qui fait grandir l'amour et aide à surmonter les moments difficiles. Ces échanges sont aussi « *des parcours pratiques, des conseils bien concrets, des tactiques issues de l'expérience, des orientations psychologiques* »[23]. De fait, une pédagogie de l'amour demeure un nouveau terrain que l'Eglise propose. Les fiancés pourront donc recourir à l'appui divin dans la réconciliation sacramentelle et au soutien des personnes ressources ou des familles disponibles.

Au terme, le pape donne une conviction claire sur le mariage et sa préparation. L'engagement qui exprime le consentement matrimonial et l'union des corps qui consomme le mariage, est par analogie, « signe de l'amour du Fils de Dieu fait chair uni à son Église dans une alliance d'amour ». Le sens du

---

[23]- *Idem, n°211.*

consentement montre que « *la liberté et la fidélité ne s'opposent pas l'une à l'autre ; elles se soutiennent même réciproquement [...]. L'honneur à la parole donnée, la fidélité à la promesse, ne peuvent ni s'acheter ni se vendre* »[24]. Le langage du corps, les gestes d'amour et le sens procréatif de la sexualité, vécus dans l'histoire d'un mariage, se convertissent en une « continuité ininterrompue du langage liturgique » et « *la vie conjugale devient, dans un certain sens, liturgie* »[25].

---

[24]- François, *Amoris Laetitia, n°211.*
[25]- François, *Amoris Laetitia, n°215.*

6- Avec le pape François, de nouveaux chemins

Le pape François a publié, depuis le mercredi 15 juin 2022, un nouveau document qui donne de nouvelles orientations aux diocèses dans la préparation au sacrement du mariage. Ce document qui est un chef-d'œuvre du Dicastère pour les Laïcs, la Famille et la Vie s'intitule : "*Chemins catéchuménaux pour la vie conjugale, Directives pastorales pour les Églises particulières*". Dans la préface du dit-document, le Pontife exhorte les instances pastorales et institutionnelles de la famille à éviter une préparation « trop superficielle » menant au risque de célébrer « un mariage nul » ou construit sur « *des bases si fragiles qu'elles s'effritent en peu de temps* »[26]. Avant d'entrer étape par étape dans le contenu du document retenons essentiellement qu'il invite à trois attitudes principales.

---

[26]- François, Itinéraire Catéchuménal pour la Vie Matrimoniale. Cf. https://www.vaticannews.va/fr/pape/news/2022-06/pape-preface-document-famille-amoris-laetitia.html, consulté le 13 novembre 2023 à 18h06.

6.1.- Eduquer la conscience des jeunes au libre et responsable choix de vie

Préparer les jeunes au mariage commence en tout premier lieu avec les enfants, les adolescents et les jeunes. Il s'agit, en effet, de mettre en place une pastorale vocationnelle qui annonce aux enfants et aux adolescents la beauté, la joie et les exigences du mariage. Aussi, seront-ils accompagnés dans la découverte progressive d'un appel à la vie familiale chrétienne. Cette préparation au mariage qui est une éducation de la conscience, aidera aussi les jeunes à poser de juste et ferme décision. L'enjeu est d'accompagner les jeunes et les couples à dépasser « l'immaturité », pour vivre des relations qui ne soient pas « possessives ou narcissiques » mais avoir suffisamment la capacité et la volonté d'avancer au-delà de l'enthousiasme initial. Une préparation rapide des fiancés ne suffit plus aujourd'hui. Pour que l'Église prenne vraiment soin de ceux que le Seigneur appelle au mariage et à construire une famille chrétienne, il est aussi nécessaire qu'elle travaille en synergie.

6.2.- Travailler en synergie dans l'accompagnement

En deuxième lieu, il est souligné l'importance de la collaboration des couples mariés qui accompagnent le catéchuménat de ceux qui se préparent au mariage. Leur expérience de la vie conjugale est déterminante pour les plus jeunes afin qu'ils comprennent, acceptent et progressent dans ce parcours. Selon le cardinal Kevin Farrell, président du Dicastère pour les Laïcs, la Famille et la Vie, « *la préoccupation du Dicastère pour les Laïcs, la Famille et la Vie, est de transmettre aux évêques, aux agents de la pastorale familiale et aux formateurs, l'invitation du Saint-Père à repenser sérieusement la préparation au mariage comme un accompagnement continu avant et après le rite sacramentel. C'est une proximité compétente et concrète, faite de liens entre les familles qui se soutiennent mutuellement* »[27]. Il est toujours convenable de faire appel à des experts avertis pour certaines thématiques telles les questions bioéthiques liées à la sexualité, la paternité et maternité responsables, les méthodes naturelles... Après avoir brièvement présenté ces deux orientations fortes du saint Père, rappeler les perspectives et attentes du Dicastère renchérit les orientations.

6.3.- Tenir en estime quelques perspectives et attentes

Selon le Dicastère, la préparation au mariage ou encore le catéchuménat matrimonial n'est pas une préparation à un "examen", ni « ne consiste pas à transmettre des notions mais une "vie à vivre"». Le Dicastère suggère fortement aux formateurs d'éviter tout « langage éloigné de la réalité concrète des familles et incompréhensible pour elles », avec « des contenus trop abstraits ». Il souhaite aussi que l'Église offre un accueil « chaleureux et sans légalisme », en

[27]- François, Cf. https://www.vaticannews.va/fr/vatican/news/2022-06/vatican-document-preparation-mariage-catechumenat-famille.html, consulté le 13 novembre 2023 à 18h20.

étant attractive dans la présentation du bien et du beau qu'il y a dans le mariage. Car, la préparation au mariage est une question de « justice » selon le Pape François. Au même moment que l'Église consacre de nombreuses années à la préparation des futurs prêtres et religieux, il convient aussi que ceux qui se préparent au mariage, soient aussi accompagner sur une durée assez considérable. Faisant ainsi, l'Eglise éviterait aux couples de grandes souffrances, échecs ou traumatismes.

En somme, « *la joie de l'amour qui est vécu dans les familles est aussi la joie de l'Église* »[28]. C'est la conviction du pape, du Dicastère pour les Laïcs, la Famille et la Vie, des Evêques et instances de formation à la préparation au mariage. Il montre ainsi la beauté du sacrement du mariage et de la vie familiale et la grâce qui s'y déploie. Pour bénéficier abondamment de cette beauté et des grâces liées au

---

[28]François,Cf.https://www.vatican.va/content/francesco/fr/apost_exhortations/documents/papa-francesco_esortazione-ap_20160319_amoris-laetitia.html, consulté le 13 novembre 2023 à 18h45.

sacrement du mariage, il importe vivement de former et d'accompagner les jeunes à «mûrir dans la certitude que dans leur lien il y a la main de Dieu ». Désormais, il faut pour la préparation des couples l'usage du nouveau catéchuménat qui « *inclut toutes les étapes du parcours sacramentel : les temps de préparation au mariage, sa célébration et les années qui suivent* »[29].

[29]- François, Cf. https://www.vaticannews.va/fr/vatican/news/2022-06/vatican-document-preparation-mariage-catechumenat-famille.html, consulté le 13 novembre 2023 à 18h 55.

7.- Itinéraires catéchuménaux pour la vie matrimoniale

Cinq ans après l'Exhortation Apostolique *Amoris laetitia*, l'Église renouvèle son engagement joyeux dans l'évangélisation des familles. L'Année 2022, appelée à juste titre année spéciale de la famille, continue de donner le ton et l'élan. Elle a mis, d'une manière plus rayonnante encore, la famille au centre des réflexions. L'un de ses fruits est la publication d'un document qui renforcera encore la bonne préparation des couples au mariage. Il est intitulé "*Itinéraires catéchuménaux pour la vie matrimoniale*". Quelles sont les motivations de sa publication ? Quelles en sont les objectifs ?

7.1.- Motivations de la publication

Le *nouveau catéchuménat pour la préparation au mariage* est un outil pastoral préparé par le Dicastère pour les Laïcs, la Famille et la Vie. Il est en effet, urgent d' « *appliquer concrètement tout ce qui est déjà proposé dans Familiaris consortio (n. 66), c'est-à-dire que, de même que pour le baptême des adultes le catéchuménat fait partie du processus sacramentel, la préparation au mariage devienne elle aussi partie intégrante de toute la procédure sacramentelle du mariage, comme antidote empêchant la multiplication des célébrations matrimoniales nulles ou inconsistantes* »[30]. Il nous faut passer d'une préparation trop superficielle qui fait courir aux couples le risque réel de contracter un mariage invalide, à une adéquate, minutieuse et profonde préparation. Il est important de redonner aux hommes et aux femmes, aux fiancés, aux époux, la joie de la vocation à l'amour. Aimer est une vocation inscrite par Dieu lui-même dans le cœur de l'être humain. Par conséquent, accompagner de manière responsable ceux qui expriment l'intention de s'unir dans le mariage demeure une mission de tous ceux qui travaillent dans la pastorale familiale. Il s'agit d'une question de justice : « *l'Église est une mère, et une mère n'a pas de préférence parmi ses enfants. Il*

30- *Discours à la Rote Romaine, 21 janvier 2017*. Cf. https://www.vatican.va/content/francesco/fr/speeches/2017/january/documents/papa-francesco_20170121_anno-giudiziario-rota-romana.html, consulté le 14 novembre 2023 à 19h12.

ne les traite pas de manière inégale, il leur donne à tous le même soin, la même attention, le même temps. Cela me vient souvent à l'esprit quand je pense que l'Église passe beaucoup de temps, plusieurs années, à préparer des candidats au sacerdoce ou à la vie religieuse, mais passe peu de temps, quelques semaines seulement, à préparer le mariage »[31]. Une telle affirmation du pape François implique qu'il existe dans ce document des objectifs précis que nous évoquerons maintenant de façon succincte.

7.2.- Brève structuration et objectifs

Ce chef-d'œuvre, un véritable catéchuménat pour les futurs époux, est structuré en trois étapes à savoir : la préparation au mariage (lointaine, proche et immédiate) ; la célébration du mariage ; l'accompagnement des premières années de vie conjugale. L'Église, qui est mère, maîtresse et compagne de voyage, continue d'être aux côtés des familles qui constituent des églises domestiques. Elle,

[31]-François, Cf. http://www.laityfamilylife.va/content/dam/laityfamilylife/amoris-laetitia/OrientamentiCatecumenatomatrimoniale/ITIN%C3%89RAIRES%20CAT%C3%89CHUM%C3%89NAUX_FRA.pdf, consulté le 15 novembre 2023 à 8h15.

c'est-ç-dire l'Eglise, en effet, voudrait davantage être proche des couples et marcher avec eux le long de la *via caritatis* (Cf. *Amoris laetitia*, n° 306). Ainsi, soutenus dans les moments heureux ou malheureux, les couples trouveront dans leurs communautés, des lieux d'accueil fraternels, d'aide au discernement, de participation, d'intégration. Ce document est à la fois un don et une tâche. Il est un don, car il met à la disposition de tous, un matériel abondant et stimulant, fruit de réflexions et d'expériences pastorales déjà mises en pratique dans divers diocèses dans le monde. Il est aussi une tâche, car il ne s'agit pas de "formules magiques" qui fonctionnent automatiquement, mais d' « *une robe qui doit être "faite sur mesure" pour les personnes qui vont la porter* ». Ce sont, en effet, des orientations qui demandent à être reçues, adaptées et mises en pratique dans les situations sociales, culturelles et ecclésiales concrètes où se trouve chaque Église particulière.

Avançons donc avec assurance pour faire porter plus loin et plus haut cette mission en la rendant encore plus visible et concrète par une adaptation orthodoxe à la doctrine de l'Eglise. Des outils de la pastorale, telles que le credo, la Bible, le magistère, les célébrations liturgiques, les espérances socio-culturelles attendues, offriront à chaque peuple notamment l'Afrique, d'être un instrument du Seigneur pour réchauffer l'amour dans le cœur des couples.

8.- Pour un « catéchuménat matrimonial »

En focalisant sa réflexion sur la nécessité du catéchuménat matrimonial, le pape François confirme solennellement toutes les exhortations de ses prédécesseurs, relatives à la préparation au mariage. Il rend plus participative l'implication de tous les agents pastoraux dans une nouvelle dynamique. Les fiancés et les couples en marche vers le mariage deviennent non seulement des catéchumènes adultes, mais redécouvrent encore le sens de leur vocation, la tâche qui est la leur et la force de s'y engager. La concrétisation de l'engagement pastoral de l'Eglise, la réponse positive face aux défis contemporains, le style de l'accompagnement catéchuménal sous-tendent fortement les orientations proposées.

8.1.- Le catéchuménat matrimonial, une étape importante pour se marier

En insistant sur la nécessité d'un itinéraire relativement plus large, inspiré du catéchuménat baptismal, le pape François exprime son souci constant pour une meilleure préparation plus approfondie du mariage. Ce document met concrètement en œuvre ce qui a déjà été proposé par le pape Jean-Paul II dans son Exhortation *Familiaris consortio* (n.66) : « *comme pour le Baptême des adultes, le catéchuménat fait partie du processus sacramentel, ainsi la préparation au mariage devient une partie intégrante de toute la procédure sacramentelle du mariage, comme un antidote qui empêche la multiplication des célébrations de mariage nulles ou incohérentes* »[32]. Ce document permet de repenser les itinéraires de préparation au sacrement de mariage et d'accompagner les premières années de la vie conjugale. Ces « orientations pastorales » constituent une proposition d'un « parcours prénuptial » structuré et complet, dans sa forme et son contenu pour une pastorale concrète et globale. Cependant, chaque Église locale, appelée à un esprit créatif, adapte et

---

32- *François, Discours à l'occasion de l'Inauguration de l'année judiciaire du Tribunal de la Rote romaine, 29 janvier 2018 ; Amoris laetitia, 205-211.* Cf. aussi http://www.laityfamilylife.va/content/dam/laityfamilylife/amoris-laetitia/OrientamentiCatecumenatomatrimoniale/ITIN%C3%89RAIRES%20CAT%C3%89CHUM%C3%89NAUX_FRA.pdf consulté le 15 novembre 2023 à 10h02.

élabore à partir du dit document, son propre itinéraire catéchuménal, pour le bonheur des fiancés et des couples en marche vers le mariage. Cet engagement pastoral renouvelé s'observe déjà dans la quasi-totalité des diocèses dans le monde. C'est le lieu de remercier nos Pères les Evêques, les agents pastoraux en particulier les curés, les institutions, groupes et mouvements qui œuvrent inlassablement pour renforcer la préparation au mariage malgré les nombreux défis.

8.2.- Le catéchuménat matrimonial, la force face aux défis contemporains

La réduction du taux de mariage est provoquée par une série de facteurs. Dans un premier temps, s'observe la mentalité hédoniste qui déforme la beauté et la profondeur de la sexualité humaine. Ensuite, l'autoréférentialité rend difficile la capacité d'assumer les engagements de la vie conjugale et d'apprécier à sa juste valeur le sens du don nuptial, le sens de l'amour conjugal et de sa nature d'authentique vocation. Cependant, l'inquiétude que ressent l'Église notre mère, loin de la décourager, propulse plutôt ses différentes instances, notamment les paroisses à trouver des solutions concrètes face à ces défis et à investir de nouvelles énergies en faveur des couples afin que leur expérience d'amour devienne réellement un sacrement, un signe efficace de salut. De cette façon, la foi et la conversion peuvent devenir des signes de la nouvelle orientation de vie, une vie plus assidue au Christ et à l'Evangile. Il faut « *rendre toujours plus efficaces les itinéraires de préparation au sacrement de mariage, pour la croissance non seulement de l'homme, mais surtout de la foi des fiancés* »[33]. La foi ouvre le cœur et l'esprit à Dieu, et par ce fait, à l'œuvre de salut en Jésus-Christ. La conversion vise à corriger les comportements, les habitudes, les pratiques de vie incompatibles avec la nouvelle existence chrétienne qu'embrasseront les fiancés ou couples dans le mariage. C'est ainsi qu'apparaît nécessaire le style de l'accompagnement catéchuménal.

---

[33]- François, *Discours à la Rote Romaine, 21 janvier 2017.*

8.3.- Le style de l'accompagnement catéchuménal

L'acquisition d'un style de vie chrétien, spécifiquement destiné aux couples est un appel qui leur est aujourd'hui lancé par le pape. D'ailleurs, il précise clairement que : « *le but fondamental des rencontres est d'aider les fiancés à s'insérer progressivement dans le mystère du Christ, dans l'Église et avec l'Église. Elle implique une maturation progressive dans la foi, à travers la proclamation de la Parole de Dieu, l'adhésion et la suite généreuse du Christ* »[34]. Le catéchuménat, en effet, peut inspirer de nouvelles voies pour le renouvellement de la foi. C'est pourquoi, elle propose un style d'accompagnement des personnes-pédagogique, graduel, ritualisé - qui conserve toujours son efficacité. Concrètement, le catéchuménat matrimonial n'entend pas être une simple catéchèse, ni la transmission d'une doctrine. Elle vise à faire résonner entre les époux le mystère de la grâce sacramentelle, qui leur appartient en vertu du sacrement : « *faire vivre avec eux et entre eux la*

---

[34]- *Discours à la Rote Romaine, 21 janvier 2017.*

présence du Christ »[35]. Il faut, à l'égard de ceux qui ont l'intention de se marier, dépasser le style de formation intellectuelle, théorique et générale. Il est nécessaire de parcourir avec eux le chemin qui les amène à rencontrer le Christ, ou à approfondir la relation avec Lui. Il est souhaitable aussi qu'ils fassent le discernement authentique de leur propre vocation nuptiale, à la fois personnelle et en tant que couple. Car, « *Dieu qui a appelé les couples au mariage continue de les appeler dans le mariage* »[36]. Il ne – s'agit pas de leur donner tout le catéchisme, ni de les saturer de trop d'arguments. La qualité est plus importante que la quantité, et la priorité doit être donnée - avec une annonce renouvelée du kérygme - aux contenus qui, transmis de manière attrayante et cordiale, les aident à s'engager dans un chemin de vie avec beaucoup d'esprit d'ouverture et de libéralité (*Amoris laetitia*, n°207).

35- François, Itinéraire catéchuménal pour la vie matrimoniale, n°6.
36- *Familiaris Consortio* n°51.

En somme, l'itinéraire catéchuménal donne un autre son de cloche au renouvèlement ecclésial dans le domaine de la pastorale conjugale et familiale dans nos diocèses. Cet exercice aussi exigeant qu'il soit, implique une certaine ouverture d'esprit et respecte l'orthodoxie et la praxis de l'Eglise. L'itinéraire catéchuménal favorise un travail de synergie tant dans les approches pédagogique, pastoral qu'intellectuel. La foi, la conversion, le témoignage de vie, la motivation positive, la proactivité pastorale offrent déjà un terrain en attente de fécondité pour la joie des époux mais aussi pour celle de toute l'Eglise.

9.- Itinéraire catéchuménal au mariage : qui l'assume et comment ?

L'itinéraire catéchuménal dans la préparation au mariage demande un long parcours. Il demeure une tâche qui revient à toute la communauté ecclésiale, « *dans un chemin partagé entre prêtres, époux chrétiens, religieux et agents pastoraux, en accord avec l'évêque* ». Une telle affirmation, du pape François dans le document sur l'itinéraire catéchuménal pour la vie matrimoniale, montre le caractère ecclésial de l'Eglise qui va à la rencontre des familles dans leur réalité concrète. Qui peut et comment assumer ce rôle combien délicat et capital dans la pastorale des couples ? C'est à cette question à double volet que nous répondrons dans cette réflexion du pape à travers deux axes : les personnes ressources dans la préparation au mariage, les moyens pour le renouveau pastoral dans la pastorale de la vie conjugale.

9.1.- Les personnes ressources de l'itinéraire catéchuménal au mariage

Le mariage étant un chemin de sainteté, il embrasse toute la vie des personnes. La préparation au mariage devient une mission d'Evangélisation. L'Esprit Saint en est donc « *le premier protagoniste* »[37]. De cette assertion, il est clair que c'est toute l'Eglise en tant que Corps du Christ qui se charge et ressent le besoin de se mettre au service des futures familles. Autant les couples qui se préparent au mariage, autant les agents pastoraux qui les accompagnent, évêques, prêtres, religieux (es), catéchistes, tous sont appelés à travailler ensemble. D'abord, pour les époux, le mariage est non le terme du chemin, mais « *une vocation qui les lance en avant, avec la décision ferme et réaliste de traverser ensemble toutes les épreuves et les moments difficiles* » (*Amoris laetitia*, n° 211). En vertu de leur propre participation au sacerdoce prophétique et royal du Christ, les fidèles

[37]- François, Discours au Tribunal de la Rote romaine pour l'inauguration de l'année judiciaire, 25 janvier 2020.

laïcs reçoivent dans le sacrement du mariage une mission ecclésiale spécifique (*Amoris laetitia,* n°121). Cette mission ecclésiale devient une tâche urgente pour les agents pastoraux. Ils ont ainsi l'impérieux devoir de préparer adéquatement les fidèles laïcs appelés à accueillir la vocation matrimoniale et à y persévérer toute leur vie. Il faut donc le préparer avec un vrai catéchuménat. Cette communion naturelle dans l'apostolat entre époux et consacrés a été présente dans la vie ecclésiale depuis sa naissance, comme le montre l'exemple de Paul, aidé dans l'Evangélisation par Aquila et Priscille (Cf. Ac18, 1-3; 18, 18-19; 18,26; Rm 16,3-5; 1 Co 16, 19). La diversité de style et de langage, la diversité d'expériences de vie, la diversité des charismes et des dons spirituels propres à chaque vocation et état de vie est d'un grand enrichissement dans la transmission de la foi aux jeunes couples et dans leur initiation à la vie matrimoniale. Les curés jouent un rôle incontournable dans cette formation car c'est à eux principalement, « *indispensables collaborateurs des évêques », qu'est confié ce catéchuménat*[38]. D'ailleurs, sur les différentes paroisses de nos diocèses, les équipes sacerdotales, sous la responsabilité du curé, encouragent fortement et orientent bien les couples. Ils font apparaître immédiatement la dimension religieuse profonde impliquée dans le mariage chrétien, bien au-delà du "rite civil" ou "fait de coutume". Avec les autres agents pastoraux, ils assument une importante tâche d'animation et de coordination pour une pastorale renouvelée.

9.2.- Une pastorale renouvelée de la vie conjugale

Le Pape François invite à l'audace et au renouveau pastoral sous une forme missionnaire. Dans le domaine de la vie conjugale, la route du renouveau est aussi indiquée à partir de trois "notes" spécifiques : transversalité, synodalité et continuité. La transversalité implique que la pastorale de la vie conjugale « *n'est pas confinée au domaine restreint des rencontres pour fiancés, mais traverse de nombreux*

38- François, Discours aux participants au cours sur le procès matrimonial, 25 février 2017.

autres domaines pastoraux » pour en renforcer l'efficacité. La pastorale de l'enfance, la pastorale des jeunes et la pastorale familiale devront marcher ensemble, en synergie. C'est ainsi que s'approfondira la foi à travers un processus de croissance, de maturation vocationnelle et de cohérence de vie. La synodalité définit le mode de vie et l'action pastorale même de l'Eglise. L'Église est communion et réalise concrètement son être communion dans le "cheminement ensemble", dans la coordination de tous les domaines pastoraux et dans la participation. La continuité quant à elle, montre la coresponsabilité qui existe entre l'Eglise et les familles. Ainsi donc, au cours des différentes phases de croissance -humaine et de foi-, les enfants et les jeunes découvrent à l'Eglise leur vocation, soit au mariage, au sacerdoce ou à la vie religieuse. Il est nécessaire d'enraciner la vocation nuptiale sur le chemin de l'initiation chrétienne à la foi dès l'enfance.

Au terme, repenser la pastorale conjugale dans l'Eglise c'est promouvoir davantage la croissance humaine et spirituelle des fidèles depuis l'adolescence jusqu'à l'âge adulte. C'est le lieu d'encourage le noble travail qui se fait sur nos paroisses par les équipes sacerdotales pour aider les fidèles à passer chaque phase de la vie chrétienne depuis l'adolescence jusqu'à l'âge adulte dans la perspective d'« une pastorale vocationnelle attentive ». La famille et les jeunes ne peuvent pas être deux secteurs parallèles de la pastorale de nos communautés, mais étroitement unis. La préparation des couples au mariage reste une véritable œuvre d'Evangélisation. L'itinéraire catéchuménal est un travail pastoral prénuptial et post-matrimonial.

10.- La phase pré-catéchuménale : les préliminaires

Se marier exige une préparation adéquate et intégrale. Pour ce faire, l'aggiornamento proposé par le Pape François pour le catéchuménat matrimonial demeure un exercice joyeux au profit de la pastorale du mariage et de la famille. Résumant les travaux de ses prédécesseurs, il propose les différentes phases de l'itinéraire catéchuménal au mariage en trois moments importants. Le premier moment parle de la phase pré-catéchuménale, le second s'intéresse à la phase intermédiaire et le dernier se concentre sur la phase catéchuménale proprement dite. Dans la suite de notre relecture, nous passerons progressivement chacune de ces différentes phases. Pour cette fois-ci que retenir de la phase pré-catéchuménale ? Encore appelée, préparation à distance, la phase pré-catéchuménale comprend plusieurs étapes dont nous évoquons, dans cette rubrique les préliminaires.

10.1.- Le but de la phase pré-catéchuménale

L'identité baptismale peut orienter chacun vers une perspective vocationnelle particulière, soit pour la vie religieuse ou pour le mariage. Le rôle de l'Église est de discerner avec une attention maternelle et sous la mouvance de l'Esprit Saint, le projet d'amour que Dieu a pour chaque personne. Sa sainteté le Pape François affirme, au sujet du pré-catéchuménat matrimonial, qu'elle commence déjà dès l'enfance. Cette phase vise à « préparer le terrain » sur lequel pourront se greffer les germes de la future vocation. Que veut dire préparer le terrain ? Il s'agit de cultiver chez l'enfant l'estime de toute valeur humaine authentique, le respect de soi et des autres, la maîtrise de soi même dans les petites choses, l'usage adéquat de ses penchants, le respect des personnes, le respect du sexe opposé et la dignité de tout être humain... Cette tâche se poursuit jusqu' à l'âge de la maturité en passant par l'adolescence. Au sujet du mariage, la famille et par ricochet, l'Eglise paroissiale, sont appelées, en un premier temps, à former donc chez le jeune une saine anthropologie familiale chrétienne. Ensuite, il leur revient aussi de mettre un accent particulier sur le sens profond de la sexualité humaine. D'ailleurs, le document du Conseil Pontifical pour la Famille édité le 8 décembre 1995, sur la Sexualité humaine : vérité et sens, avait déjà donné quelques consignes pédagogiques de la famille. Il se complète par les deux vérités fondamentales que rappelle le Pape François dans la phase pré-catéchuménale.

10.2.- Les deux vérités fondamentales

L'enfance, l'adolescence et la petite enfance font partie d'un parcours éducatif unique, sans solution de continuité, qui repose sur deux vérités fondamentales : « *la première est que l'homme est appelé à vivre dans la vérité et dans l'amour ; la seconde est que chacun se réalise par le don sincère de soi* »[39]. Éclairer les jeunes sur la relation que l'amour entretient avec la vérité les aidera à ne pas craindre fatalement l'évolution des sentiments et l'épreuve du

---

[39]- Jean-Paul II, Lettre aux familles, n°16.

temps. Il convient aussi d'accompagner les jeunes en fiançailles « *à se donner pleinement à une personne de manière exclusive et généreuse* »[40]. C'est dans la mesure où l'amour est fondé sur la vérité que l'amour qu'il peut durer dans le temps, surmonter l'instant éphémère et rester inébranlable pour soutenir un cheminement commun. Si l'amour n'a aucun rapport avec la vérité, il est sujet à l'évolution des sentiments et ne résistera pas à l'épreuve du temps. Le véritable amour, en revanche, unifie tous les éléments de notre personne et devient une nouvelle lumière vers une vie grande et pleine. En ce sens, le pape François dit : « *sans vérité, l'amour ne peut pas offrir un lien solide, il ne peut pas sortir le "je" de son isolement, ni le libérer de l'instant fugace pour construire la vie et porter du fruit* »[41]. Ensuite, le don désintéressé de soi appelle une interprétation positive insérée dans une vision conjugale claire de l'amour. L'amour est compris comme le don réciproque des époux, comme un «

40- François, *Christus vivit*, n° 265.
41- François, *Lumen fidei*, n°27.

savoir aimer et savoir se laisser aimer », comme un échange réciproque d'affection et d'accueil inconditionnel, comme un « *savoir se réjouir et savoir souffrir pour l'autre* ». C'est pourquoi le Pape François, réaffirme qu'« *il faut se préparer au mariage, et cela demande de s'éduquer, de développer les meilleures vertus, notamment l'amour, la patience, la capacité de dialogue et de service. C'est aussi éduquer sa sexualité, pour qu'elle soit de moins en moins un outil au service des autres* »[42].

Le respect de toute valeur humaine authentique dans les relations interpersonnelles et sociales, la formation du caractère, la maîtrise de soi et l'utilisation adéquate de ses inclinations, la vérité de l'amour en tant que jeune, sont des lieux où l'éducation parentale et ecclésiale doit intervenir. De cette façon le parcours éducatif apparaît comme une tâche confiée à la famille, église domestique, à l'église

---

[42]- *Amoris laetitia*, n°280, cit. *Gravissimum educationis*, n°1.

et à la société toutes les trois œuvrant au bien des jeunes depuis l'enfance jusqu'à l'âge de la maturité.

11.- Phase catéchuménale : prochaine préparation

La troisième et dernière étape de l'itinéraire catéchuménal s'appelle le catéchuménat. Il se subdivise en trois sous-parties à savoir : la préparation proche, la préparation immédiate et l'accompagnement des premières années de la vie matrimoniale. Cette période, étant un moment de formation à court et à long terme, invite à une pastorale matrimoniale de proximité avec un grand souci de discernement. La durée de ces étapes devra être adaptée en tenant compte des aspects religieux, culturels et sociaux du milieu dans lequel on vit et même des situations personnelles de chaque couple. Pour cette fois-ci, nous abordons la première sous-partie intitulée la prochaine préparation.

11.1.- Un chemin de foi

Dans cette étape, le catéchuménat matrimonial aide les futurs époux à vivre un véritable chemin de foi, au cours duquel le message chrétien se redécouvre et se propose à nouveau frais. Ainsi la réactualisation de la catéchèse d'initiation chrétienne à la foi ouvrira leur esprit sur le sens, le contenu, les fruits et les effets du Baptême, de l'Eucharistie, de la Confirmation et de la Réconciliation. La Parole de Dieu particulièrement, les textes évoquant les symboles fondateurs du mariage, reste le point de référence constant pour les couples. Les candidats au mariage seront progressivement initiés à la prière chrétienne – individuellement, en couple et en communauté – afin d'acquérir une habitude de prière. Ils sont invités également à participer à la vie ecclésiale tels les domaines de la liturgie, la caritas, « *sans contrainte ni contrainte, mais, sur au contraire, se sentant l'objet d'une miséricorde imméritée, inconditionnelle et gratuite* »[43]. Ainsi préparés à la mission qui est la leur : disciples du Christ pour l'évangélisation.

11.2.- L'assomption de soi et l'ouverture à l'autre

Il est important dans cette phase d'approfondir les aspects liés à la réalité humaine de la personne et du couple : la dynamique humaine de la maturité

43- François, *Itinéraire Catéchuménal pour la Vie Matrimoniale*, n°50.

psychologique, de la sexualité conjugale, la juste conception de la paternité-maternité responsable, l'éducation des enfants. La catéchèse et les enseignements chrétiens contribueront à consolider la connaissance de la vérité liée au mariage et à la formation de la conscience personnelle. Après avoir expérimenté la redécouverte de soi dans la prise de conscience de soi et l'accueil de ses limites, les futurs conjoints seront invité à finaliser le discernement de leur vocation nuptiale. Il s'agit de leur « *faire comprendre la différence entre "la préparation d'un jour de mariage" (préparation d'un mariage) et la "préparation à la vie conjugale" (la préparation d'un mariage)* »[44]. Cette étape « *peut conduire à une décision libre, responsable et réfléchie de se marier, ou à une décision tout aussi libre et réfléchie de mettre fin à la relation et de ne pas se marier* »[45]. Il est important que le couple ait individuellement la capacité et la volonté libre de se marier.

[44]- François, Itinéraire Catéchuménal pour la Vie Matrimoniale, n°50.
[45]- Idem, n°55.

11.3.- L'éloge de la conversion et de la chasteté conjugale

Chaque couple est accompagné sur son propre chemin de compréhension du sens de la vie conjugale, en suivant toujours la logique du respect, de la patience et de la miséricorde. La logique de la miséricorde, cependant, ne conduit jamais à obscurcir les « exigences de vérité et de charité de l'Évangile proposé par l'Église »[46]. Il existe un projet divin sur l'amour humain et le mariage dans toute sa beauté et sa grandeur. À cet égard, l'Église ne doit jamais manquer de courage pour proposer la précieuse vertu de chasteté conjugale : « la chasteté doit être présentée comme une authentique « alliée de l'amour », non comme sa négation. En effet, c'est la voie privilégiée pour apprendre à respecter l'individualité et la dignité de l'autre, sans les subordonner à ses propres désirs. La chasteté enseigne aux fiancés les temps et les voies d'un amour vrai, délicat et généreux, et les prépare au don

---

[46]- Itinéraire Catéchuménal pour la Vie Matrimoniale, n°56.

authentique de soi à vivre pour la vie dans le mariage »[47].

Discerner avec foi et réalisme dans une décision responsable augure pour les futurs époux un projet de mariage qui maintiendrait leur joie, celle de leur famille, de leur communauté paroissiale et celle de l'Eglise. De cette manière, ils auront été à l'école d'un chemin de foi, d'une assomption de soi, d'une ouverture à l'autre, d'une conversion renouvelée et d'un amour interpersonnel libre et total.

---

[47]- Itinéraire Catéchuménal pour la Vie Matrimoniale, n°57.

12.- Phase catéchuménale : la préparation immédiate

La préparation immédiate est le deuxième moment de la phase catéchuménale. Elle vient juste avant la célébration proprement dite du mariage. Elle est composée de plusieurs étapes dont deux essentiellement : le rappel des acquis du chemin parcouru et la préparation spirituelle.

12.1.- Le rappel des acquis du chemin parcouru

Il est important pour les futurs époux, d'écouter à nouveau frais quelques notions sur le chemin parcouru. C'est ici le lieu de leur rappeler quelques thématiques importantes telles que le dessein de Dieu sur le mariage et la famille, les aspects doctrinaux, moraux et spirituels du mariage, le rappel des caractéristiques essentielles du mariage (indissolubilité, unité, fidélité, fécondité), objet spécifique des entretiens canoniquement prévus avec le curé. Pour diverses circonstances, en effet, il est possible que certains couples ne soient inclus que maintenant dans l'itinéraire catéchuménal. Ceux-ci pourraient avoir la possibilité concrète de recevoir un minimum de formation en vue de la célébration du sacrement de mariage. Il n'est pas inutile de préciser aux couples, que ce sont eux-mêmes les ministres du mariage : « ils ne sont pas spectateurs mais, au nom du Christ, ministres de la célébration de leur mariage ; d'où l'importance de consacrer une large place à la préparation liturgique des couples »[48]. De fait, la répétition avec les futurs mariés anticipe déjà le bon déroulement de la célébration, mais surtout leur donne la signification profonde des gestes qu'ils feront ce jour-là. Pour cette raison, le soin spirituel ne doit pas être marchandé.

12.2.- L'aspect spirituel

La valeur spirituelle que requiert ce deuxième moment est d'une importance particulière. Le mariage, en effet, ne peut pas se limiter à une simple compréhension sociologique. Il va bien au-delà. Il a pour fondement et socle Dieu qui donne force et

---

[48]- Itinéraire Catéchuménal pour la Vie Matrimoniale, n°67.

lumière à la conjugalité des époux. Ainsi donc, la rencontre avec le Seigneur, qui « est au centre et comme source de toute la vie chrétienne »[49], se manifeste profondément encore dans la vie conjugale. A travers le témoignage de vie, l'exemplarité évangélique, les époux deviennent missionnaires d'évangélisation directe et visible. En vivant dans cette dynamique par l'exemple de leur vie, les époux progressent dans l'amour véritable, l'ouverture, le respect, la générosité l'un envers l'autre. Dans le mariage existe aussi une grâce particulière que reçoivent les époux puisqu'elle se greffe au sacrement qu'ils vivent : l'annonce de la passion-mort et résurrection du Christ : le kérygme. Enfin, la proposition d'une retraite spirituelle reste déterminante et nécessaire pour les couples à la préparation immédiate du mariage. Au cours de cette retraite, les époux feront l'expérience de l'écoute et du partage de la Parole de Dieu. Ils seront aussi invités à tirer des fruits liés à la célébration des sacrements, à

[49]- Itinéraire Catéchuménal pour la Vie Matrimoniale, n°67.

l'adoration, à la prière personnelle, conjugale et communautaire.

En s'inscrivant dans la dynamique pastorale de l'évêque, l'ordinaire des lieux, les couples en marche vers le mariage encouragent le travail combien noble, accomplit les différents membres et commissions de la pastorale familiale.

13.- Phase catéchuménale : accompagner les premières années de vie conjugale

La dernière étape de la phase catéchuménale est l'accompagnement des premières années de vie conjugale. L'itinéraire catéchuménal ne s'achève pas avec la célébration du mariage. Elle est au contraire l'entrée dans un « état permanent », qui requiert donc une « formation permanente » spécifique, faite de réflexion, de dialogue. Le pape François affirme clairement qu' « il est nécessaire « *d'accompagner* » *au moins les premières années de la vie conjugale et de ne pas laisser les jeunes mariés seuls* »[50]. Quelles sont les raisons principales et les espérances attendues qui confirme cette exhortation du pape.

[50]- François, *Itinéraire Catéchuménal pour la Vie Matrimoniale*, n°°69-71.

13.1.- La formation permanente à travers la mystagogie matrimoniale

L'itinéraire catéchuménal peut proposer aux couples la mystagogie matrimoniale. La catéchèse mystagogique est en effet, un type particulier de catéchèse que l'Église aux premiers siècles adressait aux nouveaux baptisés. Ce style de catéchèse mystagogique peut être appliqué au mariage. La catéchèse pour le mariage appelée mystagogique retrace les différents moments du rite nuptial. Elle approfondit la riche signification symbolique, spirituelle, morale et sociale du mariage. Elle rappelle leurs implications concrètes dans la vie conjugale. De fait, le consentement échangé est inéluctablement la volonté de s'unir, et non un sentiment passager. La bénédiction des alliances est l'expression de la promesse de fidélité toujours renouvelée. A travers le mariage chrétien, Dieu fait descendre sa grâce sur le couple, en assumant et en sanctifiant leurs relations humaines. Ainsi, le couple comprend que l'amour conjugal est plongé dans le mystère pascal du Christ qui le revigore et le rend toujours plus profond. Le couple, en effet, est invité à « devenir ce qu'il est" en laissant cette grâce de Dieu les sanctifier. Le Christ « *nourrit quotidiennement leur relation et ils peuvent se tourner vers lui ensemble dans la prière. (...) Il faut donc aider les époux à percevoir les "signes" de la présence du Christ dans leur union* »[51].

13.2- Une nouveauté d'apprentissage et une pastorale du lien

Plusieurs valeurs et attitudes humaines paraissent nécessaires pour la stabilité du couple. Il s'agit pour les couples de : reconnaître leur différence, de considérer la vie matrimoniale d'apprendre à communiquer entre conjoints, de cultiver une spiritualité conjugale. La proposition d'un "Journal de mariage", dans lequel sont inscrites les joies, les souffrances et l'expérience concrète de la vie conjugale, peut aussi être un leitmotiv mutuel pour avancer et se remettre en cause. Ce journal devient comme « *une sorte d'« écriture sacrée* », *touchée par la*

[51]- François, *Itinéraire Catéchuménal pour la Vie Matrimoniale*, n°80.

grâce de l'Esprit Saint. Il peut aussi devenir un moyen de transmission de la foi en famille : un « mémorial » de la grâce du Saint Esprit travaillant dans la famille »[52]. Ainsi donc, le courage, la patience, la prudence renforcent l'unité dans le couple et participent à sa défense et à sa consolidation. Ce sont d'ailleurs des valeurs à prioriser pour le bien des conjoints et celui de leurs enfants. Car, « *les biens - spirituels, psychologiques et matériels - qui découlent de la préservation de l'union sont toujours bien supérieurs à ceux que l'on espère obtenir d'une éventuelle séparation* »[53]. En apprenant à surmonter les moments difficiles, le couple mûrit dans l'amour et l'union se renforce : "*chaque crise est un moment de croissance et une opportunité de faire un "saut qualitatif" dans la relation, l'appelant à une nouvelle profondeur et authenticité*". De même que dans la vie chrétienne on « s'entraîne » au « combat de la foi » (1 Tm 6, 12), de même dans la vie conjugale les époux

[52]- François, *Itinéraire Catéchuménal pour la Vie Matrimoniale*, n°79.
[53]- Idem, n°81.

doivent s'entraîner à « défendre » leur mariage de toutes les menaces intérieures et extérieures, humaines et spirituelles, sociales et culturelles qui peuvent miner sa solidité et son existence même.

13.3.- Le rôle des pasteurs et l'insertion dans la pastorale familiale

A travers les sacrements de l'Eucharistie et de la Réconciliation, les conjoints goûtent la présence de Dieu et sa miséricorde. C'est ici le lieu de remercier et d'encourager le travail des équipes sacerdotales de nos paroisses dans cet accompagnement. Elles manifestent ainsi l'attention constante et permanente de l'Église envers les époux par divers moyens pastoraux : l'écoute de la Parole de Dieu, en particulier par la *lectio divina*, les retraites spirituelles et adorations eucharistiques périodiques organisées pour les couples, l'accompagnement spirituel. Entre autre outils pastoraux dans cet accompagnement, nous pouvons noter la célébration des anniversaires de mariage au cours d'une célébration liturgique avec une bénédiction spéciale et renouvellement des vœux de mariage. La mission des jeunes mariés se poursuit implique aussi leur insertion dans la pastorale familiale ordinaire sur leurs paroisses. Les nouveaux mariés, par exemple, peuvent être progressivement impliqués dans la préparation catéchuménale au mariage, dans la pastorale des enfants et des jeunes, en assumant des tâches particulières.

Pour conclusion

La célébration du mariage est le début d'un cheminement. Le couple constitue toujours un « projet ouvert », et non une « œuvre achevée »[54]. En somme, les objectifs de l'accompagnement dans les premières années de la vie conjugale consistent à :

- a) présenter, dans une « catéchèse mystagogique du mariage » les implications spirituelles et existentielles du sacrement célébré dans la vie concrète ;

- b) aider les couples, dès le début, à établir correctement la relation interpersonnelle en tant que mariés ;

- c) approfondir les thèmes de la sexualité dans la vie conjugale, la transmission de la vie et l'éducation des enfants ;

- d) inculquer aux couples la ferme volonté de défendre le lien conjugal dans chaque situation de crise qui se présente ;

---

[54]- François, *Itinéraire Catéchuménale pour la Vie Matrimoniale*, n°87.

- e) proposer la rencontre avec le Christ comme source indispensable de renouvellement de la grâce conjugale et acquérir une spiritualité conjugale ;
- f) rappeler le sens de la mission spécifique des époux chrétiens.

BIBLIOGRAPHIE

1- Bible

Collectif, *Bible de Jérusalem*, Cerf / Verbum Bible, Paris, 1991.

2- Documents magistériels

- *Catéchisme de l'Église Catholique*, Mame / Plon, Paris, 1996.
- *Code de Droit Canonique*, Montréal, 3ème Ed. Wilson et Lafleur, 2007.
- *Concile Œcuménique Vatican II, Constitutions – Décrets – Déclarations,* Centurion, Paris, 2005.

3- Ouvrages, messages et Articles

- Jean-Paul II, *Familiaris Consortio,* Paris, Les Editions Blanche de Peuterey, 2015.
- ----------------, *Conseil Pontifical pour la Famille, Motu Proprio Familia a Deo Instituta, 1981.*
- ---------------, *Lettre aux familles Gratissimam Sane,* 2 février 1994.

- *François, Exhortation apostolique post-synodale "Amoris Laetitia" (19 mars*
- *2016), Lomé, Saint-Augustin Afrique.*
- -----------, *Christus vivit,* Paris, Ed. Emmanuel, avril 2019.
- -----------, *Lumen fidei,* Paris, Les Editions Blanche de Peuterey, 2013.
- --------------, *Discours à la Rote Romaine, 21 janvier 2017.*
- -------------, *Discours aux participants au cours sur le procès matrimonial, 25 février 2017*
- --------------, *Discours à l'occasion de l'Inauguration de l'année judiciaire du Tribunal de la Rote romaine, 29 janvier 2018.*
- -------------, *Discours au Tribunal de la Rote romaine pour l'inauguration de l'année judiciaire, 25 janvier 2020.*
- -------------, *Itinéraire catéchuménal pour la vie matrimoniale.*

SOMMAIRE

Rien ne vaut l'importance d'une préparation complète au mariage. Plusieurs documents nous proposent des orientations. Cependant les exhortations et suggestions des papes Jean-Paul II, Benoît XVI et François invitent de façon synergique à l'urgence d'un rappel continuel de cette vérité : « *brûler les étapes finit par brûler l'amour* ». (Benoît XVI, Discours, 11-IX-2011). C'est à cette tâche que nous nous sommes attelé pour stimuler davantage et encourager ceux qui s'y appliquent dans leurs diocèses, institutions, paroisses...

Prêtre du diocèse de Porto-Novo, Anselme CHODATON est titulaire d'une licence canonique et d'un master professionnel en sciences du mariage et de la famille à l'Institut Pontifical saint Jean-Paul 2 à Cotonou.

Printed by Books on Demand GmbH, Norderstedt / Germany